中华人民共和国
反洗钱法

中国法制出版社

目　录

中华人民共和国反洗钱法

（2006 年 10 月 31 日第十届全国人民代表大会常务委员会第二十四次会议通过　2006 年 10 月 31 日中华人民共和国主席令第 56 号公布　自 2007 年 1 月 1 日起施行）

目　　录

第一章 总 则

第一条 【立法目的】[*] 为了预防洗钱活动，维护金融秩序，遏制洗钱犯罪及相关犯罪，制定本法。

第二条 【反洗钱的定义】本法所称反洗钱，是指为了预防通过各种方式掩饰、隐瞒毒品犯罪、黑社会性质的组织犯罪、恐怖活动犯罪、走私犯罪、贪污贿赂犯罪、破坏金融管理秩序犯罪、金融诈骗犯罪等犯罪所得及其收益的来源和性质的洗钱活动，依照本法规定采取相关措施的行为。

第三条 【反洗钱义务】在中华人民共和国境内设立的金融机构和按照规定应当履行反洗钱义务的特定非金融机构，应当依法采取预防、监控措施，建立健全客户身份识别制度、客户身份资料和交易记录保存制度、大额交易和可疑交易报告制度，履行反洗钱义务。

---

* 条文主旨为编者所加，下同。

第四条　【反洗钱监管体制】国务院反洗钱行政主管部门负责全国的反洗钱监督管理工作。国务院有关部门、机构在各自的职责范围内履行反洗钱监督管理职责。

国务院反洗钱行政主管部门、国务院有关部门、机构和司法机关在反洗钱工作中应当相互配合。

第五条　【信息资料的保密义务与法定用途】对依法履行反洗钱职责或者义务获得的客户身份资料和交易信息，应当予以保密；非依法律规定，不得向任何单位和个人提供。

反洗钱行政主管部门和其他依法负有反洗钱监督管理职责的部门、机构履行反洗钱职责获得的客户身份资料和交易信息，只能用于反洗钱行政调查。

司法机关依照本法获得的客户身份资料和交易信息，只能用于反洗钱刑事诉讼。

第六条　【提交报告受法律保护】履行反洗钱义务的机构及其工作人员依法提交大额交易和可疑交易报告，受法律保护。

第七条　【举报的权利】任何单位和个人发

现洗钱活动，有权向反洗钱行政主管部门或者公安机关举报。接受举报的机关应当对举报人和举报内容保密。

第二章　反洗钱监督管理

第八条　【反洗钱行政主管部门及其派出机构的职责】国务院反洗钱行政主管部门组织、协调全国的反洗钱工作，负责反洗钱的资金监测，制定或者会同国务院有关金融监督管理机构制定金融机构反洗钱规章，监督、检查金融机构履行反洗钱义务的情况，在职责范围内调查可疑交易活动，履行法律和国务院规定的有关反洗钱的其他职责。

国务院反洗钱行政主管部门的派出机构在国务院反洗钱行政主管部门的授权范围内，对金融机构履行反洗钱义务的情况进行监督、检查。

第九条　【有关监管机构的职责】国务院有关金融监督管理机构参与制定所监督管理的金融机构反洗钱规章，对所监督管理的金融机构提出按照规定建立健全反洗钱内部控制制度的要求，履行法律和国务院规定的有关反洗钱的其他职责。

第十条　【反洗钱信息中心的设立及职责】国务院反洗钱行政主管部门设立反洗钱信息中心，负责大额交易和可疑交易报告的接收、分析，并按照规定向国务院反洗钱行政主管部门报告分析结果，履行国务院反洗钱行政主管部门规定的其他职责。

第十一条　【反洗钱行政主管部门与有关部门、机构的协从关系】国务院反洗钱行政主管部门为履行反洗钱资金监测职责，可以从国务院有关部门、机构获取所必需的信息，国务院有关部门、机构应当提供。

国务院反洗钱行政主管部门应当向国务院有关部门、机构定期通报反洗钱工作情况。

第十二条　【海关的通报义务】海关发现个人出入境携带的现金、无记名有价证券超过规定金额的，应当及时向反洗钱行政主管部门通报。

前款应当通报的金额标准由国务院反洗钱行政主管部门会同海关总署规定。

第十三条　【向侦查机关及时报告】反洗钱行政主管部门和其他依法负有反洗钱监督管理职责的部门、机构发现涉嫌洗钱犯罪的交易活动，应当及时向侦查机关报告。

第十四条　【新设金融机构应审查内控制度方案】国务院有关金融监督管理机构审批新设金融机构或者金融机构增设分支机构时，应当审查新机构反洗钱内部控制制度的方案；对于不符合本法规定的设立申请，不予批准。

第三章　金融机构反洗钱义务

第十五条　【内部控制制度、内设机构】金融机构应当依照本法规定建立健全反洗钱内部控制制度，金融机构的负责人应当对反洗钱内部控制制度的有效实施负责。

金融机构应当设立反洗钱专门机构或者指定内设机构负责反洗钱工作。

第十六条　【客户身份识别制度】金融机构应当按照规定建立客户身份识别制度。

金融机构在与客户建立业务关系或者为客户提供规定金额以上的现金汇款、现钞兑换、票据兑付等一次性金融服务时，应当要求客户出示真实有效的身份证件或者其他身份证明文件，进行核对并登记。

客户由他人代理办理业务的，金融机构应当同时对代理人和被代理人的身份证件或者其他身份证明文件进行核对并登记。

与客户建立人身保险、信托等业务关系，合同的受益人不是客户本人的，金融机构还应当对受益人的身份证件或者其他身份证明文件进行核对并登记。

金融机构不得为身份不明的客户提供服务或者与其进行交易，不得为客户开立匿名账户或者假名账户。

金融机构对先前获得的客户身份资料的真实性、有效性或者完整性有疑问的，应当重新识别客户身份。

任何单位和个人在与金融机构建立业务关系或者要求金融机构为其提供一次性金融服务时，

都应当提供真实有效的身份证件或者其他身份证明文件。

第十七条　【第三方采取客户身份识别措施】金融机构通过第三方识别客户身份的，应当确保第三方已经采取符合本法要求的客户身份识别措施；第三方未采取符合本法要求的客户身份识别措施的，由该金融机构承担未履行客户身份识别义务的责任。

第十八条　【向有关部门核实客户信息】金融机构进行客户身份识别，认为必要时，可以向公安、工商行政管理等部门核实客户的有关身份信息。

第十九条　【客户身份资料和交易记录保存制度】金融机构应当按照规定建立客户身份资料和交易记录保存制度。

在业务关系存续期间，客户身份资料发生变更的，应当及时更新客户身份资料。

客户身份资料在业务关系结束后、客户交易信息在交易结束后，应当至少保存五年。

金融机构破产和解散时，应当将客户身份资料和客户交易信息移交国务院有关部门指定的机构。

第二十条　【大额交易、可疑交易报告】金融机构应当按照规定执行大额交易和可疑交易报告制度。

金融机构办理的单笔交易或者在规定期限内的累计交易超过规定金额或者发现可疑交易的，应当及时向反洗钱信息中心报告。

第二十一条　【具体办法的制定】金融机构建立客户身份识别制度、客户身份资料和交易记录保存制度的具体办法，由国务院反洗钱行政主管部门会同国务院有关金融监督管理机构制定。金融机构大额交易和可疑交易报告的具体办法，由国务院反洗钱行政主管部门制定。

第二十二条　【反洗钱培训与宣传】金融机构应当按照反洗钱预防、监控制度的要求，开展反洗钱培训和宣传工作。

第四章　反洗钱调查

第二十三条　【可疑交易活动的调查】国务

院反洗钱行政主管部门或者其省一级派出机构发现可疑交易活动，需要调查核实的，可以向金融机构进行调查，金融机构应当予以配合，如实提供有关文件和资料。

调查可疑交易活动时，调查人员不得少于二人，并出示合法证件和国务院反洗钱行政主管部门或者其省一级派出机构出具的调查通知书。调查人员少于二人或者未出示合法证件和调查通知书的，金融机构有权拒绝调查。

第二十四条　【调查过程中的询问】调查可疑交易活动，可以询问金融机构有关人员，要求其说明情况。

询问应当制作询问笔录。询问笔录应当交被询问人核对。记载有遗漏或者差错的，被询问人可以要求补充或者更正。被询问人确认笔录无误后，应当签名或者盖章；调查人员也应当在笔录上签名。

第二十五条　【查阅、复制相关信息，封存相关文件、资料】调查中需要进一步核查的，经国务院反洗钱行政主管部门或者其省一级派出机构的负责人批准，可以查阅、复制被调查对象的账户信息、交易记录和其他有关资料；对可能被转移、隐藏、篡改或者毁损的文件、资料，可以予以封存。

调查人员封存文件、资料，应当会同在场的金融机构工作人员查点清楚，当场开列清单一式二份，由调查人员和在场的金融机构工作人员签名或者盖章，一份交金融机构，一份附卷备查。

第二十六条　【报案、临时冻结资金】经调查仍不能排除洗钱嫌疑的，应当立即向有管辖权的侦查机关报案。客户要求将调查所涉及的账户资金转往境外的，经国务院反洗钱行政主管部门负责人批准，可以采取临时冻结措施。

侦查机关接到报案后，对已依照前款规定临时冻结的资金，应当及时决定是否继续冻结。侦查机关认为需要继续冻结的，依照刑事诉讼法的规定采取冻结措施；认为不需要继续冻结的，应当立即通知国务院反洗钱行政主管部门，国务院反洗钱行政主管部门应当立即通知金融机构解除冻结。

临时冻结不得超过四十八小时。金融机构在按照国务院反洗钱行政主管部门的要求采取临时冻结措施后四十八小时内，未接到侦查机关继续冻结通知的，应当立即解除冻结。

第五章　反洗钱国际合作

第二十七条　【开展反洗钱国际合作】中华人民共和国根据缔结或者参加的国际条约，或者按照平等互惠原则，开展反洗钱国际合作。

第二十八条　【合作负责机关】国务院反洗钱行政主管部门根据国务院授权，代表中国政府与外国政府和有关国际组织开展反洗钱合作，依法与境外反洗钱机构交换与反洗钱有关的信息和资料。

第二十九条　【司法协助】涉及追究洗钱犯罪的司法协助，由司法机关依照有关法律的规定办理。

第六章　法律责任

第三十条　【监管部门工作人员的责任】反洗钱行政主管部门和其他依法负有反洗钱监督管理职责的部门、机构从事反洗钱工作的人员有下列行为之一的，依法给予行政处分：

（一）违反规定进行检查、调查或者采取临时冻结措施的；

（二）泄露因反洗钱知悉的国家秘密、商业秘密或者个人隐私的；

（三）违反规定对有关机构和人员实施行政处罚的；

（四）其他不依法履行职责的行为。

第三十一条　【金融机构应受纪律处分的情形】金融机构有下列行为之一的，由国务院反洗钱行政主管部门或者其授权的设区的市一级以上派出机构责令限期改正；情节严重的，建议有关金融监督管理机构依法责令金融机构对直接负责的董事、高级管理人员和其他直接责任人员给予纪律处分：

（一）未按照规定建立反洗钱内部控制制度的；

（二）未按照规定设立反洗钱专门机构或者指定内设机构负责反洗钱工作的；

（三）未按照规定对职工进行反洗钱培训的。

第三十二条　【金融机构应受罚款处罚的情形】金融机构有下列行为之一的，由国务院反洗钱行政主管部门或者其授权的设区的市一级以上派出机构责令限期改正；情节严重的，处二十万元以上五十万元以下罚款，并对直接负责的董事、高级管理人员和其他直接责任人员，处一万元以上五万元以下罚款：

（一）未按照规定履行客户身份识别义务的；

（二）未按照规定保存客户身份资料和交易记录的；

（三）未按照规定报送大额交易报告或者可疑交易报告的；

（四）与身份不明的客户进行交易或者为客户开立匿名账户、假名账户的；

（五）违反保密规定，泄露有关信息的；

（六）拒绝、阻碍反洗钱检查、调查的；

（七）拒绝提供调查材料或者故意提供虚假材料的。

金融机构有前款行为，致使洗钱后果发生的，处五十万元以上五百万元以下罚款，并对直接负责的董事、高级管理人员和其他直接责任人员处五万元以上五十万元以下罚款；情节特别严重的，反洗钱行政主管部门可以建议有关金融监督管理机构责令停业整顿或者吊销其经营许可证。

对有前两款规定情形的金融机构直接负责的董事、高级管理人员和其他直接责任人员，反洗钱行政主管部门可以建议有关金融监督管理机构依法责令金融机构给予纪律处分，或者建议依法取消其任职资格、禁止其从事有关金融行业工作。

第三十三条　【刑事责任】违反本法规定，构成犯罪的，依法追究刑事责任。

第七章　附　则

第三十四条　【金融机构的含义】本法所称金融机构，是指依法设立的从事金融业务的政策性银行、商业银行、信用合作社、邮政储汇机构、信托投资公司、证券公司、期货经纪公司、保险公司以及国务院反洗钱行政主管部门确定并公布的从事金融业务的其他机构。

第三十五条　【特定非金融机构的含义】应当履行反洗钱义务的特定非金融机构的范围、其履行反洗钱义务和对其监督管理的具体办法，由国务院反洗钱行政主管部门会同国务院有关部门制定。

第三十六条　【涉嫌恐怖活动的资金的法律适用】对涉嫌恐怖活动资金的监控适用本法；其他法律另有规定的，适用其规定。

第三十七条　【施行日期】本法自 2007 年 1 月 1 日起施行。

附：

金融机构反洗钱规定

（2006年11月14日中国人民银行令〔2006〕第1号公布　自2007年1月1日起施行）

第一条　为了预防洗钱活动，规范反洗钱监督管理行为和金融机构的反洗钱工作，维护金融秩序，根据《中华人民共和国反洗钱法》、《中华人民共和国中国人民银行法》等有关法律、行政法规，制定本规定。

第二条　本规定适用于在中华人民共和国境内依法设立的下列金融机构：

（一）商业银行、城市信用合作社、农村信用合作社、邮政储汇机构、政策性银行；

（二）证券公司、期货经纪公司、基金管理公司；

（三）保险公司、保险资产管理公司；

（四）信托投资公司、金融资产管理公司、财务公司、金融租赁公司、汽车金融公司、货币经纪公司；

（五）中国人民银行确定并公布的其他金融机构。

从事汇兑业务、支付清算业务和基金销售业务的机构适用本规定对金融机构反洗钱监督管理的规定。

第三条 中国人民银行是国务院反洗钱行政主管部门，依法对金融机构的反洗钱工作进行监督管理。中国银行业监督管理委员会、中国证券监督管理委员会、中国保险监督管理委员会在各自的职责范围内履行反洗钱监督管理职责。

中国人民银行在履行反洗钱职责过程中，应当与国务院有关部门、机构和司法机关相互配合。

第四条 中国人民银行根据国务院授权代表中国政府开展反洗钱国际合作。中国人民银行可以和其他国家或者地区的反洗钱机构建立合作机制，实施跨境反洗钱监督管理。

第五条 中国人民银行依法履行下列反洗钱

监督管理职责：

（一）制定或者会同中国银行业监督管理委员会、中国证券监督管理委员会和中国保险监督管理委员会制定金融机构反洗钱规章；

（二）负责人民币和外币反洗钱的资金监测；

（三）监督、检查金融机构履行反洗钱义务的情况；

（四）在职责范围内调查可疑交易活动；

（五）向侦查机关报告涉嫌洗钱犯罪的交易活动；

（六）按照有关法律、行政法规的规定，与境外反洗钱机构交换与反洗钱有关的信息和资料；

（七）国务院规定的其他有关职责。

第六条 中国人民银行设立中国反洗钱监测分析中心，依法履行下列职责：

（一）接收并分析人民币、外币大额交易和可疑交易报告；

（二）建立国家反洗钱数据库，妥善保存金融机构提交的大额交易和可疑交易报告信息；

（三）按照规定向中国人民银行报告分析结果；

（四）要求金融机构及时补正人民币、外币大额交易和可疑交易报告；

（五）经中国人民银行批准，与境外有关机构交换信息、资料；

（六）中国人民银行规定的其他职责。

第七条 中国人民银行及其工作人员应当对依法履行反洗钱职责获得的信息予以保密，不得违反规定对外提供。

中国反洗钱监测分析中心及其工作人员应当对依法履行反洗钱职责获得的客户身份资料、大额交易和可疑交易信息予以保密；非依法律规定，不得向任何单位和个人提供。

第八条 金融机构及其分支机构应当依法建立健全反洗钱内部控制制度，设立反洗钱专门机构或者指定内设机构负责反洗钱工作，制定反洗钱内部操作规程和控制措施，对工作人员进行反洗钱培训，增强反洗钱工作能力。

金融机构及其分支机构的负责人应当对反洗钱内部控制制度的有效实施负责。

第九条 金融机构应当按照规定建立和实施

客户身份识别制度。

（一）对要求建立业务关系或者办理规定金额以上的一次性金融业务的客户身份进行识别，要求客户出示真实有效的身份证件或者其他身份证明文件，进行核对并登记，客户身份信息发生变化时，应当及时予以更新；

（二）按照规定了解客户的交易目的和交易性质，有效识别交易的受益人；

（三）在办理业务中发现异常迹象或者对先前获得的客户身份资料的真实性、有效性、完整性有疑问的，应当重新识别客户身份；

（四）保证与其有代理关系或者类似业务关系的境外金融机构进行有效的客户身份识别，并可从该境外金融机构获得所需的客户身份信息。

前款规定的具体实施办法由中国人民银行会同中国银行业监督管理委员会、中国证券监督管理委员会和中国保险监督管理委员会制定。

第十条 金融机构应当在规定的期限内，妥善保存客户身份资料和能够反映每笔交易的数据信息、业务凭证、账簿等相关资料。

前款规定的具体实施办法由中国人民银行会同中国银行业监督管理委员会、中国证券监督管理委员会、中国保险监督管理委员会制定。

第十一条　金融机构应当按照规定向中国反洗钱监测分析中心报告人民币、外币大额交易和可疑交易。

前款规定的具体实施办法由中国人民银行另行制定。

第十二条　中国人民银行会同中国银行业监督管理委员会、中国证券监督管理委员会、中国保险监督管理委员会指导金融行业自律组织制定本行业的反洗钱工作指引。

第十三条　金融机构在履行反洗钱义务过程中，发现涉嫌犯罪的，应当及时以书面形式向中国人民银行当地分支机构和当地公安机关报告。

第十四条　金融机构及其工作人员应当依法协助、配合司法机关和行政执法机关打击洗钱活动。

金融机构的境外分支机构应当遵循驻在国家或者地区反洗钱方面的法律规定，协助配合驻在国家或者地区反洗钱机构的工作。

第十五条 金融机构及其工作人员对依法履行反洗钱义务获得的客户身份资料和交易信息应当予以保密；非依法律规定，不得向任何单位和个人提供。

金融机构及其工作人员应当对报告可疑交易、配合中国人民银行调查可疑交易活动等有关反洗钱工作信息予以保密，不得违反规定向客户和其他人员提供。

第十六条 金融机构及其工作人员依法提交大额交易和可疑交易报告，受法律保护。

第十七条 金融机构应当按照中国人民银行的规定，报送反洗钱统计报表、信息资料以及稽核审计报告中与反洗钱工作有关的内容。

第十八条 中国人民银行及其分支机构根据履行反洗钱职责的需要，可以采取下列措施进行反洗钱现场检查：

（一）进入金融机构进行检查；

（二）询问金融机构的工作人员，要求其对有关检查事项作出说明；

（三）查阅、复制金融机构与检查事项有关的文件、资料，并对可能被转移、销毁、隐匿或者篡改的文件资料予以封存；

（四）检查金融机构运用电子计算机管理业务数据的系统。

中国人民银行或者其分支机构实施现场检查前，应填写现场检查立项审批表，列明检查对象、检查内容、时间安排等内容，经中国人民银行或者其分支机构负责人批准后实施。

现场检查时，检查人员不得少于2人，并应出示执法证和检查通知书；检查人员少于2人或者未出示执法证和检查通知书的，金融机构有权拒绝检查。

现场检查后，中国人民银行或者其分支机构应当制作现场检查意见书，加盖公章，送达被检查机构。现场检查意见书的内容包括检查情况、检查评价、改进意见与措施。

第十九条 中国人民银行及其分支机构根据履行反洗钱职责的需要，可以与金融机构董事、高级管理人员谈话，要求其就金融机构履行反洗钱义务的重大事项作出说明。

第二十条 中国人民银行对金融机构实施现场检查，必要时将检查情况通报中国银行业监督管理委员会、中国证券监督管理委员会或者中国保险监督管理委员会。

第二十一条 中国人民银行或者其省一级分支机构发现可疑交易活动需要调查核实的，可以向金融机构调查可疑交易活动涉及的客户账户信息、交易记录和其他有关资料，金融机构及其工作人员应当予以配合。

前款所称中国人民银行或者其省一级分支机构包括中国人民银行总行、上海总部、分行、营业管理部、省会（首府）城市中心支行、副省级城市中心支行。

第二十二条 中国人民银行或者其省一级分支机构调查可疑交易活动，可以询问金融机构的工作人员，要求其说明情况；查阅、复制被调查的金融机构客户的账户信息、交易记录和其他有关资料；对可能被转移、隐藏、篡改或者毁损的文件、资料，可以封存。

调查可疑交易活动时，调查人员不得少于2人，并出示执法证和中国人民银行或者其省一级分支机构出具的调查通知书。查阅、复制、封存被调查的金融机构客户的账户信息、交易记录和其他有关资料，应当经中国人民银行或者其省一级分支机构负责人批准。调查人员违反规定程序的，金融机构有权拒绝调查。

询问应当制作询问笔录。询问笔录应当交被询问人核对。记载有遗漏或者差错的，被询问人可以要求补充或者更正。被询问人确认笔录无误后，应当签名或者盖章；调查人员也应当在笔录上签名。

调查人员封存文件、资料，应当会同在场的金融机构工作人员查点清楚，当场开列清单一式二份，由调查人员和在场的金融机构工作人员签名或者盖章，一份交金融机构，一份附卷备查。

第二十三条 经调查仍不能排除洗钱嫌疑的，应当立即向有管辖权的侦查机关报案。对客户要求将调查所涉及的账户资金转往境外的，金融机构应当立即向中国人民银行当地分支机构报告。

经中国人民银行负责人批准，中国人民银行可以采取临时冻结措施，并以书面形式通知金融机构，金融机构接到通知后应当立即予以执行。

侦查机关接到报案后，认为需要继续冻结的，金融机构在接到侦查机关继续冻结的通知后，应当予以配合。侦查机关认为不需要继续冻结的，中国人民银行在接到侦查机关不需要继续冻结的通知后，应当立即以书面形式通知金融机构解除临时冻结。

临时冻结不得超过 48 小时。金融机构在按照中国人民银行的要求采取临时冻结措施后 48 小时内，未接到侦查机关继续冻结通知的，应当立即解除临时冻结。

第二十四条 中国人民银行及其分支机构从事反洗钱工作的人员有下列行为之一的，依法给予行政处分：

（一）违反规定进行检查、调查或者采取临时冻结措施的；

（二）泄露因反洗钱知悉的国家秘密、商业秘密或者个人隐私的；

（三）违反规定对有关机构和人员实施行政处罚的；

（四）其他不依法履行职责的行为。

第二十五条 金融机构违反本规定的，由中国人民银行或者其地市中心支行以上分支机构按照《中华人民共和国反洗钱法》第三十一条、第三十二条的规定进行处罚；区别不同情形，建议中国银行业监督管理委员会、中国证券监督管理委员会或者中国保险监督管理委员会采取下列措施：

（一）责令金融机构停业整顿或者吊销其经营许可证；

（二）取消金融机构直接负责的董事、高级管理人员和其他直接责任人员的任职资格、禁止其从事有关金融行业工作；

（三）责令金融机构对直接负责的董事、高级管理人员和其他直接责任人员给予纪律处分。

中国人民银行县（市）支行发现金融机构违反本规定的，应报告其上一级分支机构，由该分支机构按照前款规定进行处罚或者提出建议。

第二十六条 中国人民银行和其地市中心支行以上分支机构对金融机构违反本规定的行为给予行政处罚的，应当遵守《中国人民银行行政处罚程序规定》的有关规定。

第二十七条 本规定自 2007 年 1 月 1 日起施行。2003 年 1 月 3 日中国人民银行发布的《金融机构反洗钱规定》同时废止。

金融机构大额交易和可疑交易报告管理办法

（2016 年 12 月 28 日中国人民银行令〔2016〕第 3 号公布　自 2017 年 7 月 1 日起施行）

第一章　总　　则

第一条　为了规范金融机构大额交易和可疑交易报告行为，根据《中华人民共和国反洗钱法》、《中华人民共和国中国人民银行法》、《中华人民共和国反恐怖主义法》等有关法律法规，制定本办法。

第二条　本办法适用于在中华人民共和国境

内依法设立的下列金融机构：

（一）政策性银行、商业银行、农村合作银行、农村信用社、村镇银行。

（二）证券公司、期货公司、基金管理公司。

（三）保险公司、保险资产管理公司、保险专业代理公司、保险经纪公司。

（四）信托公司、金融资产管理公司、企业集团财务公司、金融租赁公司、汽车金融公司、消费金融公司、货币经纪公司、贷款公司。

（五）中国人民银行确定并公布的应当履行反洗钱义务的从事金融业务的其他机构。

第三条 金融机构应当履行大额交易和可疑交易报告义务，向中国反洗钱监测分析中心报送大额交易和可疑交易报告，接受中国人民银行及其分支机构的监督、检查。

第四条 金融机构应当通过其总部或者总部指定的一个机构，按本办法规定的路径和方式提交大额交易和可疑交易报告。

第二章 大额交易报告

第五条 金融机构应当报告下列大额交易：

（一）当日单笔或者累计交易人民币 5 万元以上（含 5 万元）、外币等值 1 万美元以上（含 1 万美元）的现金缴存、现金支取、现金结售汇、现钞兑换、现金汇款、现金票据解付及其他形式的现金收支。

（二）非自然人客户银行账户与其他的银行账户发生当日单笔或者累计交易人民币 200 万元以上（含 200 万元）、外币等值 20 万美元以上（含 20 万美元）的款项划转。

（三）自然人客户银行账户与其他的银行账户发生当日单笔或者累计交易人民币 50 万元以上（含 50 万元）、外币等值 10 万美元以上（含 10 万美元）的境内款项划转。

（四）自然人客户银行账户与其他的银行账户发生当日单笔或者累计交易人民币 20 万元以上（含 20 万元）、外币等值 1 万美元以上（含 1 万美元）的跨境款项划转。

累计交易金额以客户为单位，按资金收入或者支出单边累计计算并报告。中国人民银行另有规定的除外。

中国人民银行根据需要可以调整本条第一款规定的大额交易报告标准。

第六条 对同时符合两项以上大额交易标准的交易，金融机构应当分别提交大额交易报告。

第七条 对符合下列条件之一的大额交易，如未发现交易或行为可疑的，金融机构可以不报告：

（一）定期存款到期后，不直接提取或者划转，而是本金或者本金加全部或者部分利息续存入在同一金融机构开立的同一户名下的另一账户。

活期存款的本金或者本金加全部或者部分利息转为在同一金融机构开立的同一户名下的另一账户内的定期存款。

定期存款的本金或者本金加全部或者部分利息转为在同一金融机构开立的同一户名下的另一账户内的活期存款。

（二）自然人实盘外汇买卖交易过程中不同外币币种间的转换。

（三）交易一方为各级党的机关、国家权力机关、行政机关、司法机关、军事机关、人民政协机关和人民解放军、武警部队，但不包含其下属的各类企事业单位。

（四）金融机构同业拆借、在银行间债券市场进行的债券交易。

（五）金融机构在黄金交易所进行的黄金交易。

（六）金融机构内部调拨资金。

（七）国际金融组织和外国政府贷款转贷业务项下的交易。

（八）国际金融组织和外国政府贷款项下的债务掉期交易。

（九）政策性银行、商业银行、农村合作银行、农村信用社、村镇银行办理的税收、错账冲正、利息支付。

（十）中国人民银行确定的其他情形。

第八条 金融机构应当在大额交易发生之日

起5个工作日内以电子方式提交大额交易报告。

第九条 下列金融机构与客户进行金融交易并通过银行账户划转款项的，由银行机构按照本办法规定提交大额交易报告：

（一）证券公司、期货公司、基金管理公司。

（二）保险公司、保险资产管理公司、保险专业代理公司、保险经纪公司。

（三）信托公司、金融资产管理公司、企业集团财务公司、金融租赁公司、汽车金融公司、消费金融公司、货币经纪公司、贷款公司。

第十条 客户通过在境内金融机构开立的账户或者境内银行卡所发生的大额交易，由开立账户的金融机构或者发卡银行报告；客户通过境外银行卡所发生的大额交易，由收单机构报告；客户不通过账户或者银行卡发生的大额交易，由办理业务的金融机构报告。

第三章 可疑交易报告

第十一条 金融机构发现或者有合理理由怀

疑客户、客户的资金或者其他资产、客户的交易或者试图进行的交易与洗钱、恐怖融资等犯罪活动相关的，不论所涉资金金额或者资产价值大小，应当提交可疑交易报告。

第十二条 金融机构应当制定本机构的交易监测标准，并对其有效性负责。交易监测标准包括并不限于客户的身份、行为，交易的资金来源、金额、频率、流向、性质等存在异常的情形，并应当参考以下因素：

（一）中国人民银行及其分支机构发布的反洗钱、反恐怖融资规定及指引、风险提示、洗钱类型分析报告和风险评估报告。

（二）公安机关、司法机关发布的犯罪形势分析、风险提示、犯罪类型报告和工作报告。

（三）本机构的资产规模、地域分布、业务特点、客户群体、交易特征，洗钱和恐怖融资风险评估结论。

（四）中国人民银行及其分支机构出具的反洗钱监管意见。

（五）中国人民银行要求关注的其他因素。

第十三条 金融机构应当定期对交易监测标准进行评估，并根据评估结果完善交易监测标准。如发生突发情况或者应当关注的情况的，金融机构应当及时评估和完善交易监测标准。

第十四条 金融机构应当对通过交易监测标准筛选出的交易进行人工分析、识别，并记录分析过程；不作为可疑交易报告的，应当记录分析排除的合理理由；确认为可疑交易的，应当在可疑交易报告理由中完整记录对客户身份特征、交易特征或行为特征的分析过程。

第十五条 金融机构应当在按本机构可疑交易报告内部操作规程确认为可疑交易后，及时以电子方式提交可疑交易报告，最迟不超过 5 个工作日。

第十六条 既属于大额交易又属于可疑交易的交易，金融机构应当分别提交大额交易报告和可疑交易报告。

第十七条 可疑交易符合下列情形之一的，金融机构应当在向中国反洗钱监测分析中心提交可疑交易报告的同时，以电子形式或书面形式向所在地中国人民银行或者其分支机构报告，并配合反洗钱调查：

（一）明显涉嫌洗钱、恐怖融资等犯罪活动的。

（二）严重危害国家安全或者影响社会稳定的。

（三）其他情节严重或者情况紧急的情形。

第十八条　金融机构应当对下列恐怖活动组织及恐怖活动人员名单开展实时监测，有合理理由怀疑客户或者其交易对手、资金或者其他资产与名单相关的，应当在立即向中国反洗钱监测分析中心提交可疑交易报告的同时，以电子形式或书面形式向所在地中国人民银行或者其分支机构报告，并按照相关主管部门的要求依法采取措施。

（一）中国政府发布的或者要求执行的恐怖活动组织及恐怖活动人员名单。

（二）联合国安理会决议中所列的恐怖活动组织及恐怖活动人员名单。

（三）中国人民银行要求关注的其他涉嫌恐怖活动的组织及人员名单。

恐怖活动组织及恐怖活动人员名单调整的，金融机构应当立即开展回溯性调查，并按前款规定提交可疑交易报告。

法律、行政法规、规章对上述名单的监控另有规定的，从其规定。

第四章　内部管理措施

第十九条　金融机构应当根据本办法制定大额交易和可疑交易报告内部管理制度和操作规程，对本机构的大额交易和可疑交易报告工作做出统一要求，并对分支机构、附属机构大额交易和可疑交易报告制度的执行情况进行监督管理。

金融机构应当将大额交易和可疑交易报告制度向中国人民银行或其总部所在地的中国人民银行分支机构报备。

第二十条　金融机构应当设立专职的反洗钱岗位，配备专职人员负责大额交易和可疑交易报告工作，并提供必要的资源保障和信息支持。

第二十一条　金融机构应当建立健全大额交易和可疑交易监测系统，以客户为基本单位开展资金交易的监测分析，全面、完整、准确地采集各业务系统的客户身份信息和交易信息，保障大额交易和可疑交易监测分析的数据需求。

第二十二条 金融机构应当按照完整准确、安全保密的原则，将大额交易和可疑交易报告、反映交易分析和内部处理情况的工作记录等资料自生成之日起至少保存5年。

保存的信息资料涉及正在被反洗钱调查的可疑交易活动，且反洗钱调查工作在前款规定的最低保存期届满时仍未结束的，金融机构应将其保存至反洗钱调查工作结束。

第二十三条 金融机构及其工作人员应当对依法履行大额交易和可疑交易报告义务获得的客户身份资料和交易信息，对依法监测、分析、报告可疑交易的有关情况予以保密，不得违反规定向任何单位和个人提供。

第五章 法律责任

第二十四条 金融机构违反本办法的，由中国人民银行或者其地市中心支行以上分支机构按照《中华人民共和国反洗钱法》第三十一条、第三十二条的规定予以处罚。

第六章 附 则

第二十五条 非银行支付机构、从事汇兑业务和基金销售业务的机构报告大额交易和可疑交易适用本办法。银行卡清算机构、资金清算中心等从事清算业务的机构应当按照中国人民银行有关规定开展交易监测分析、报告工作。

本办法所称非银行支付机构，是指根据《非金融机构支付服务管理办法》（中国人民银行令〔2010〕第2号发布）规定取得《支付业务许可证》的支付机构。

本办法所称资金清算中心，包括城市商业银行资金清算中心、农信银资金清算中心有限责任公司及中国人民银行确定的其他资金清算中心。

第二十六条 本办法所称非自然人，包括法人、其他组织和个体工商户。

第二十七条 金融机构应当按照本办法所附

的大额交易和可疑交易报告要素要求（要素内容见附件），制作大额交易报告和可疑交易报告的电子文件。具体的报告格式和填报要求由中国人民银行另行规定。

第二十八条 中国反洗钱监测分析中心发现金融机构报送的大额交易报告或者可疑交易报告内容要素不全或者存在错误的，可以向提交报告的金融机构发出补正通知，金融机构应当在接到补正通知之日起5个工作日内补正。

第二十九条 本办法由中国人民银行负责解释。

第三十条 本办法自2017年7月1日起施行。中国人民银行2006年11月14日发布的《金融机构大额交易和可疑交易报告管理办法》（中国人民银行令〔2006〕第2号）和2007年6月11日发布的《金融机构报告涉嫌恐怖融资的可疑交易管理办法》（中国人民银行令〔2007〕第1号）同时废止。中国人民银行此前发布的大额交易和可疑交易报告的其他规定，与本办法不一致的，以本办法为准。

附：金融机构大额交易和可疑交易报告要素内容

附

金融机构大额交易和可疑交易报告要素内容

大额交易报告要素内容列表

部分	编号	字段内容
第一部分：报告机构信息	1	报告机构编码
	2	网点代码
	3	金融机构与客户的关系
第二部分：交易信息	4	客户名称/姓名
	5	客户身份证件/证明文件类型
	6	客户身份证件/证明文件号码
	7	客户号
	8	账户类型
	9	账号
	10	银行卡类型
	11	银行卡号码
	12	客户职业（对私）或行业（对公）
	13	客户联系方式
	14	客户国籍
	15	客户开户时间
	16	大额交易特征代码

续表

	17	代办人姓名
	18	代办人身份证件/证明文件类型
	19	代办人身份证件/证明文件号码
	20	代办人国籍
	21	交易时间
	22	交易发生地
	23	业务标识号
	24	收付款方匹配号类型
	25	收付款方匹配号
	26	交易方式
	27	涉外收支交易分类与代码
	28	资金收付标志
	29	资金用途
	30	币种
	31	交易金额
	32	对方金融机构网点名称
	33	对方金融机构网点代码类型
	34	对方金融机构网点代码
	35	对方金融机构网点行政区划代码
	36	交易对手姓名/名称
	37	交易对手身份证件/证明文件类型
	38	交易对手身份证件/证明文件号码
	39	交易对手账户类型
	40	交易对手账号

续表

	41	非柜台交易方式
	42	非柜台交易方式的设备代码
	43	银行与支付机构之间的业务交易编码
	44	交易信息备注1
	45	交易信息备注2

银行业金融机构可疑交易报告要素内容列表

部分	编号	字段内容
第一部分：报告机构信息	1	报告机构编码
	2	网点代码
	3	金融机构与客户的关系
第二部分：可疑主体信息	4	可疑主体姓名/名称
	5	可疑主体身份证件/证明文件类型
	6	可疑主体身份证件/证明文件号码
	7	客户号
	8	可疑主体职业（对私）或行业（对公）
	9	可疑主体联系方式
	10	可疑主体法定代表人姓名
	11	可疑主体法定代表人身份证件类型
	12	可疑主体法定代表人身份证件号码
	13	可疑主体控股股东或实际控制人名称
	14	可疑主体控股股东或实际控制人身份证件/证明文件类型
	15	可疑主体控股股东或实际控制人身份证件/证明文件号码
	16	可疑主体国籍

续表

第三部分：报告基本信息	17	报告紧急程度
	18	报送次数标志
	19	报送方向
	20	可疑交易报告触发点
	21	资金交易及客户行为情况
	22	疑点分析
	23	疑似涉罪类型
	24	可疑交易特征代码
第四部分：交易信息	25	客户姓名/名称
	26	客户身份证件/证明文件类型
	27	客户身份证件/证明文件号码
	28	账户类型
	29	客户开户时间
	30	客户销户时间
	31	账号
	32	银行卡类型
	33	银行卡号码
	34	代办人姓名
	35	代办人身份证件/证明文件类型
	36	代办人身份证件/证明文件号码
	37	代办人国籍
	38	交易时间
	39	交易发生地
	40	业务标识号
	41	收付款方匹配号类型
	42	收付款方匹配号

续表

	43	交易方式
	44	涉外收支交易分类与代码
	45	资金收付标志
	46	资金来源和用途
	47	币种
	48	交易金额
	49	对方金融机构网点名称
	50	对方金融机构网点代码类型
	51	对方金融机构网点代码
	52	对方金融机构网点行政区划代码
	53	交易对手姓名/名称
	54	交易对手身份证件/证明文件类型
	55	交易对手身份证件/证明文件号码
	56	交易对手账户类型
	57	交易对手账号
	58	非柜台交易方式
	59	非柜台交易方式的设备代码
	60	银行与支付机构之间的业务交易编码
	61	交易信息备注 1
	62	交易信息备注 2

证券期货业金融机构可疑交易报告要素内容列表

部分	编号	字段内容
第一部分：报告机构信息	1	报告机构编码
	2	网点代码
第二部分：可疑主体信息	3	可疑主体姓名/名称
	4	可疑主体身份证件/证明文件类型
	5	可疑主体身份证件/证明文件号码
	6	可疑主体证券/基金/期货账号
	7	资金账户号码
	8	结算账户号码
	9	结算账户开户行名称
	10	账户总资产
	11	可疑主体职业（对私）或行业（对公）
	12	可疑主体联系方式
	13	可疑主体法定代表人姓名
	14	可疑主体法定代表人身份证件类型
	15	可疑主体法定代表人身份证件号码
	16	可疑主体控股股东或实际控制人名称
	17	可疑主体控股股东或实际控制人身份证件/证明文件类型
	18	可疑主体控股股东或实际控制人身份证件/证明文件号码
	19	可疑主体国籍
	20	可疑主体开户时间
	21	可疑主体销户时间

续表

第三部分：报告基本信息	22	报告紧急程度
	23	报送次数标志
	24	报送方向
	25	可疑交易报告触发点
	26	资金交易及客户行为情况
	27	疑点分析
	28	疑似涉罪类型
	29	可疑交易特征代码
第四部分：交易信息	30	客户姓名/名称
	31	客户身份证件/证明文件类型
	32	客户身份证件/证明文件号码
	33	交易时间
	34	业务标识号
	35	非柜台交易方式
	36	非柜台交易方式的设备代码
	37	交易种类
	38	合同编号
	39	流水号
	40	交易品种代码
	41	成交价格
	42	成交数量
	43	资金进出方向
	44	资金进出方式
	45	币种
	46	交易金额
	47	交易信息备注 1
	48	交易信息备注 2

保险业金融机构可疑交易报告要素内容列表

部分	编号	字段内容
第一部分：报告机构信息	1	报告机构编码
	2	网点代码
第二部分：可疑主体信息	3	可疑主体姓名/名称
	4	可疑主体身份证件/证明文件类型
	5	可疑主体证件号码
	6	可疑主体职业（对私）或行业（对公）
	7	可疑主体联系方式
	8	可疑主体法定代表人姓名
	9	可疑主体法定代表人身份证件类型
	10	可疑主体法定代表人身份证件号码
	11	可疑主体控股股东或实际控制人名称
	12	可疑主体控股股东或实际控制人身份证件/证明文件类型
	13	可疑主体控股股东或实际控制人身份证件/证明文件号码
	14	可疑主体国籍
第三部分：报告基本信息	15	报告紧急程度
	16	报送次数标志
	17	报送方向
	18	可疑交易报告触发点
	19	资金交易及客户行为情况
	20	疑点分析
	21	疑似涉罪类型
	22	可疑交易特征代码

续表

第四部分：交易信息	23	保险合同号
	24	保险种类
	25	保险名称
	26	保险期间
	27	投保人名称/姓名
	28	投保人身份证件/证明文件类型
	29	投保人身份证件/证明文件号码
	30	投保人类型
	31	被保险人名称/姓名
	32	被保险人身份证件/证明文件类型
	33	被保险人身份证件/证明文件号码
	34	投保人与被保险人的关系
	35	受益人名称/姓名
	36	受益人身份证件/证明文件类型
	37	受益人身份证件/证明文件号码
	38	保险标的
	39	保险金额
	40	保险费
	41	缴费方式
	42	保险合同其他信息
	43	交易时间
	44	交易发生地
	45	交易类型
	46	币种
	47	交易金额

续表

	48	资金进出方向
	49	资金进出方式
	50	资金账户开户行
	51	银行转账资金账号
	52	交易信息备注 1
	53	交易信息备注 2

通用可疑交易报告要素内容列表

部分	编号	字段内容
第一部分：报告机构信息	1	报告机构编码
	2	网点代码
	3	报告机构行业类别
第二部分：可疑主体信息	4	可疑主体姓名/名称
	5	可疑主体证件类型
	6	可疑主体证件号码
	7	可疑主体所在银行账号
	8	可疑主体所在银行名称
	9	可疑主体职业（对私）或行业（对公）
	10	可疑主体联系方式
	11	可疑主体法定代表人姓名
	12	可疑主体法定代表人身份证件类型
	13	可疑主体法定代表人身份证件号码
	14	可疑主体控股股东或实际控制人名称

续表

	15	可疑主体控股股东或实际控制人身份证件/证明文件类型
	16	可疑主体控股股东或实际控制人身份证件/证明文件号码
	17	可疑主体国籍
第三部分：报告基本信息	18	报告紧急程度
	19	报送次数标志
	20	报送方向
	21	可疑交易报告触发点
	22	资金交易及客户行为情况
	23	疑点分析
	24	疑似涉罪类型
	25	可疑交易特征代码
	26	可疑交易/事件起始日期
	27	可疑交易/事件结束日期
	28	交易信息备注 1
	29	交易信息备注 2

金融机构反洗钱监督管理办法（试行）

（2014年11月15日　银发〔2014〕344号）

第一章　总　　则

第一条　为规范反洗钱监督管理工作，督促金融机构有效履行反洗钱义务，根据《中华人民共和国反洗钱法》、《中华人民共和国中国人民银行法》、《金融机构反洗钱规定》（中国人民银行令〔2006〕第1号发布）等法律和规章，制定本办法。

第二条　本办法适用于中国人民银行及其分支机构对在中华人民共和国境内依法设立的下列金融机构的监督管理：

（一）政策性银行、商业银行、农村合作银行、农村信用社、村镇银行；

（二）证券公司、期货公司、基金管理公司；

（三）保险公司、保险资产管理公司；

（四）金融资产管理公司、信托公司、企业集团财务公司、金融租赁公司、汽车金融公司、货币经纪公司；

（五）中国人民银行明确须履行有关反洗钱义务的其他金融机构。

第三条 中国人民银行负责明确和调整反洗钱监管分工，制定金融机构反洗钱信息报告制度及反洗钱监管档案管理办法，规范反洗钱监管方法、措施和程序，指导中国人民银行分支机构开展反洗钱监管工作。

第四条 中国人民银行及其分支机构应当遵循风险为本和法人监管原则，结合实际，合理运用各类监管方法，实现对不同类型金融机构的有效监管。

第五条 金融机构应当按照中国人民银行的规定，报送反洗钱工作信息，积极配合中国人民银行及其分支机构的反洗钱监管工作。

第六条 中国人民银行及其分支机构监管人员违反规定程序或者超越规定职权的，金融机构有权拒绝监管或者提出异议。金融机构对中国人民银行及其分支机构提出的违法违规问题有权提出申辩，有合理理由的，中国人民银行及其分支机构应当采纳。

第七条 中国人民银行及其分支机构应当对反洗钱监督管理中获取的反洗钱信息采取妥善的保管和保密措施，不得违反规定对外提供。

第二章 监管分工

第八条 中国人民银行负责全国性法人金融机构总部的监督管理。中国人民银行分支机构负责辖区内地方性法人金融机构总部以及非法人金融机构的监督管理。中国人民银行可以授权法人金融机构所在地的中国人民银行分支机构对全国性法人金融机构总部代行监管职责。

中国人民银行负责监管的全国性法人金融机

构总部名单由中国人民银行确定、调整。名单之外的全国性法人金融机构总部，中国人民银行授权该机构所在地副省级城市中心支行以上分支机构代行监管职责。

中国人民银行分支机构应当明确辖区内金融机构的反洗钱监管分工，避免监管真空和重复监管。

中国人民银行分支机构之间对监管权有争议的，应当报请同一上级机构确定。

第九条 中国人民银行及其分支机构可以直接对其下级机构负责监管的金融机构进行现场检查，可以授权下级机构检查由上级机构负责监管的金融机构；下级机构认为其负责监管的金融机构执行反洗钱规定的情况有重大社会影响的，可以请求上级机构进行现场检查。

中国人民银行分支机构认为确有必要涉及跨辖区实施现场检查的，可以建议上级机构统一安排。

第三章　非现场监管

第十条　中国人民银行建立金融机构反洗钱定期报告制度。定期报告制度的具体内容和报告方式由中国人民银行统一规定、调整。

反洗钱报告机构应当按照中国人民银行的规定，指定专人向负责监管的中国人民银行或其分支机构报送反洗钱工作报告及其他信息资料，如实反映反洗钱工作情况。反洗钱报告机构应当对相关信息的真实性、完整性、及时性负责。

第十一条　反洗钱报告机构应撰写反洗钱年度报告，如期向中国人民银行或其分支机构报告以下内容：

（一）反洗钱工作的整体情况及机构概况；

（二）反洗钱工作机制建立情况；

（三）反洗钱法定义务履行情况；

（四）反洗钱工作配合与成效情况；

（五）其他反洗钱工作情况、问题及建议。

金融机构有境外机构的，由其境内法人金融

机构总部按年度向中国人民银行或其分支机构报告所属境外机构接受驻在国家（地区）反洗钱监管的情况。

第十二条 法人金融机构的反洗钱年度报告内容应当覆盖本机构总部和全部分支机构；非法人金融机构的反洗钱年度报告内容应当覆盖本级机构及其所辖分支机构。

第十三条 金融机构发生下列情况的，应当及时（发生后 10 个工作日内）向中国人民银行或其分支机构报告：

（一）主要反洗钱内控制度修订；

（二）反洗钱工作机构和岗位人员调整、联系方式变更；

（三）涉及本机构反洗钱工作的重大风险事项；

（四）洗钱风险自评估报告或其他相关风险分析材料；

（五）其他由中国人民银行明确要求立即报告的涉及反洗钱事项。

第十四条 中国人民银行及其分支机构应当

根据监管分工，以反洗钱报告机构为主体，及时对金融机构反洗钱工作信息和监管活动信息建立监管档案，保存下列信息，实施动态监督管理：

（一）金融机构报送的信息；

（二）中国人民银行及其分支机构在实施反洗钱监管过程中产生的信息；

（三）其他渠道获取的重要信息。

第十五条 中国人民银行及其分支机构应当做好反洗钱监管档案的设置与维护。

反洗钱监管档案按年度进行时序管理。中国人民银行分支机构应当于每年度结束后将法人金融机构的电子监管档案逐级上报至中国人民银行。

第十六条 中国人民银行及其分支机构应当以金融机构反洗钱监管档案为依托，结合现场检查、约见谈话等情况，参考日常监管中获得的其他信息，选择关键、显明、客观的评价指标，按年度对金融机构反洗钱工作的合规性与有效性进行考核评级。

第十七条 对金融机构反洗钱工作的年度考核评级，实行分级考核，综合评级。考核评级期间为每年1月1日至12月31日。

年度考核评级时，对每家金融机构监管档案中加减分事项按照指标权重计算分数，进行百分换算，得出每家机构的年度考核结果；分银行、证券、保险、其他类排列名次，确定金融机构考评等级。

中国人民银行根据监管需要，制定和调整考核指标内容和权重。中国人民银行分支机构可以根据当地情况对指标内容进行细化。

第十八条 中国人民银行及其分支机构可以根据考核评级结果对金融机构实施分类监管。

中国人民银行及其分支机构可以按年度向有关部门通报考核评级结果，并将考核评级结果计入反洗钱监管档案转入下年度管理。

第十九条 中国人民银行及其分支机构在考核评级中发现金融机构反洗钱工作存在突出问题的，应当及时发出《反洗钱监管意见书》（附1），进行风险提示，要求其采取必要的整改措施。

中国人民银行及其分支机构在考核评级中发

现金融机构涉嫌违反反洗钱规定且情节严重的，应当及时开展现场检查。

第二十条 中国人民银行及其分支机构对法定监管事项存在疑问需要进一步确认的，可以通过电话或者书面质询的方式向金融机构进行确认和核实。

第二十一条 中国人民银行及其分支机构质询金融机构时，应当填制《反洗钱监管审批表》（附2），经部门负责人批准后，电话或者书面告知被质询的金融机构。采取书面质询方式的，应当填制《反洗钱监管通知书》（附3），送达被质询机构。

金融机构应当自被告知或者收到《反洗钱监管通知书》之日起5个工作日内予以答复。

第二十二条 收到金融机构对电话或者书面质询的答复后，中国人民银行及其分支机构应当填写《反洗钱监管记录》（附4）。

第二十三条 中国人民银行及其分支机构根据履行反洗钱职责的需要，可以约见金融机构董事、高级管理人员，针对重要问题进行警示谈话，或者要求其就金融机构履行反洗钱义务的重大事项作出说明。

第二十四条 中国人民银行及其分支机构约见金融机构董事、高级管理人员谈话前，应当填制《反洗钱监管审批表》及《反洗钱监管通知书》，经本行（部）行长（主任）或者主管副行长（副主任）批准。

《反洗钱监管通知书》应当提前 2 个工作日送达被谈话机构，告知对方谈话内容、参加人员、时间地点等事项。

第二十五条 约见谈话应当由中国人民银行或其分支机构的分管领导或者反洗钱管理部门负责人主持，并至少有 2 名以上反洗钱监管人员参与。

第二十六条 谈话结束后，中国人民银行或其分支机构反洗钱工作人员应当填写《反洗钱监管记录》并经被约见人签字确认。

第四章　现场检查

第二十七条　根据履行反洗钱职责的需要，中国人民银行及其分支机构可以按照法定程序，对金融机构履行反洗钱义务的情况开展现场检查。

第二十八条　中国人民银行及其分支机构开展反洗钱现场检查，应当依照现行反洗钱法律法规规章，遵循《中国人民银行执法检查程序规定》（中国人民银行令〔2010〕第1号发布）组织实施。涉及行政处罚的，依照《中国人民银行行政处罚程序规定》（中国人民银行令〔2001〕第3号发布）执行。

第二十九条　中国人民银行及其分支机构应当科学调配监管力量，规范有效地开展现场检查工作。

中国人民银行及其分支机构应当加强对现场检查的立项管理，切实加强对以下机构的重点监管：

（一）涉及洗钱案件的机构；

（二）风险因素较多的机构；

（三）工作情况不明的机构；

（四）反洗钱工作有效性偏低的机构；

（五）其他应重点监管的机构。

第三十条 对法人金融机构的现场检查应当侧重于反洗钱制度建设、组织架构与岗位设置、系统设计与开发、反洗钱机制有效性，注重发现和解决风险较高的制度性、系统性、执行性问题，从总体上把握和推动金融机构反洗钱工作的合规性与有效性。

第三十一条 对非法人金融机构现场检查应当侧重于反洗钱制度落实与执行情况、反洗钱措施的有效性、可疑交易报告质量、配合人民银行反洗钱工作情况等。

第三十二条 中国人民银行分支机构在对非法人金融机构检查过程中发现涉及法人金融机构总部的重要问题、系统性缺陷，或者发现突出违规事件、依法对其实施行政处罚的，应当及时向中国人民银行或者法人金融机构所在地中国人民银行分支机构进行通报。

第五章 其他监管措施

第三十三条 中国人民银行及其分支机构针对反洗钱法定监管事项中的突出问题，或者为核实和了解某个方面的重点情况，可以通过监管走访的方式，深入金融机构开展实地调研和政策指导。

第三十四条 中国人民银行及其分支机构监管走访金融机构前，应当填制《反洗钱监管审批表》及《反洗钱监管通知书》。以本级机构名义开展的监管走访由本行（部）行长（主任）或者主管副行长（副主任）批准；以反洗钱管理部门名义开展的监管走访由部门负责人或者其上级领导批准。

《反洗钱监管通知书》应当提前2个工作日送达相关金融机构，告知其监管走访目的和需要了解核实的事项。

第三十五条 在开展监管走访时，中国人民银行及其分支机构反洗钱工作人员不得少于2人，并出示合法证件。

第三十六条 中国人民银行及其分支机构对监管走访中发现的问题应当提出有针对性的监管指导意见，并开展必要的政策辅导。

监管走访结束后，中国人民银行或其分支机构反洗钱工作人员应当填写《反洗钱监管记录》。

第三十七条 法人金融机构应当建立风险自评估制度，按照风险为本原则，定期对本机构内外部洗钱风险进行分析研判，评估本机构风险防控机制的有效性，查找风险漏洞和薄弱环节，采取有针对性的风险应对措施。

金融机构应当及时向中国人民银行或其分支机构报告风险自评估结果和资料。

第三十八条 中国人民银行及其分支机构可以根据金融机构自评估结果对其进行风险评估。

中国人民银行及其分支机构开展风险评估应当填制《反洗钱监管审批表》及《反洗钱监管通知书》，经本行（部）行长（主任）或者主管副行长（副主任）批准后，至少提前 5 个工作日将《反洗钱监管通知书》送达被评估的金融机构。

中国人民银行及其分支机构可以要求被评估机构提供必要的资料数据，也可以现场采集满足评估需要的必要信息。在开展现场评估时，中国人民银行及其分支机构的反洗钱工作人员不得少于2人，并出示《反洗钱监管通知书》及合法证件。

第三十九条 中国人民银行及其分支机构可以根据监管需要确定评估的具体范围和内容，针对法人金融机构特点，探索建立合理有效的风险评估指标体系。

第四十条 中国人民银行及其分支机构应当在充分了解情况的基础上，客观评判法人金融机构的风险状况，评估反洗钱工作的合规性与有效性，得出评估结论，针对存在问题，提出指导性整改意见，形成《反洗钱监管意见书》。

第六章 附 则

第四十一条 中国人民银行副省级城市中心支行以上分支机构应当按年度撰写反洗钱监管报

告，重点总结本辖区年度反洗钱监管活动情况，发现和处理的主要问题，对违规机构和人员的处罚情况，提炼工作有效性成果，于年度结束后30日内报送中国人民银行。

第四十二条 本办法所称中国人民银行分支机构包括中国人民银行上海总部、分行、营业管理部、省会（首府）城市中心支行、副省级城市中心支行、地（市）中心支行和县（市）支行。

本办法所称反洗钱报告机构，是指中国人民银行及其分支机构本级辖区内承担反洗钱法定义务的金融机构和非金融机构最高层级的管辖或者牵头机构，包括法人机构和部分非法人机构。

本办法所称金融机构的境内分支机构包括金融机构在境内设立的各级分支机构。境内金融机构的境外分支机构包括金融机构在境外（国家或地区）设立的全资子公司、控股公司、境外办事处等。

第四十三条 支付机构、银行卡组织、资金清算中心、从事汇兑业务和基金销售业务的机构适用本办法。

第四十四条 本办法由中国人民银行负责解释。

第四十五条 本办法自印发之日起实施。本办法实施前有关反洗钱监管规定与本办法不一致的，按照本办法执行。《反洗钱非现场监管办法（试行）》（银发〔2007〕254 号文印发）和《反洗钱现场检查办法（试行）》（银发〔2007〕175 号文印发）同时废止。

附：1. 反洗钱监管意见书（略）

2. 反洗钱监管审批表（略）

3. 反洗钱监管通知书（略）

4. 反洗钱监管记录（略）

金融机构客户身份识别和客户身份资料及交易记录保存管理办法

（2007年6月21日中国人民银行、中国银行业监督管理委员会、中国证券监督管理委员会、中国保险监督管理委员会令〔2007〕第2号公布　自2007年8月1日起施行）

第一章　总　　则

第一条　为了预防洗钱和恐怖融资活动，规范金融机构客户身份识别、客户身份资料和交易记录保存行为，维护金融秩序，根据《中华人民共和国反洗钱法》等法律、行政法规的规定，制定本办法。

第二条 本办法适用于在中华人民共和国境内依法设立的下列金融机构：

（一）政策性银行、商业银行、农村合作银行、城市信用合作社、农村信用合作社。

（二）证券公司、期货公司、基金管理公司。

（三）保险公司、保险资产管理公司。

（四）信托公司、金融资产管理公司、财务公司、金融租赁公司、汽车金融公司、货币经纪公司。

（五）中国人民银行确定并公布的其他金融机构。

从事汇兑业务、支付清算业务和基金销售业务的机构履行客户身份识别、客户身份资料和交易记录保存义务适用本办法。

第三条 金融机构应当勤勉尽责，建立健全和执行客户身份识别制度，遵循“了解你的客户”的原则，针对具有不同洗钱或者恐怖融资风险特征的客户、业务关系或者交易，采取相应的措施，了解客户及其交易目的和交易性质，了解实际控制客户的自然人和交易的实际受益人。

金融机构应当按照安全、准确、完整、保密的原则，妥善保存客户身份资料和交易记录，确保能足以重现每项交易，以提供识别客户身份、监测分析交易情况、调查可疑交易活动和查处洗钱案件所需的信息。

第四条 金融机构应当根据反洗钱和反恐怖融资方面的法律规定，建立和健全客户身份识别、客户身份资料和交易记录保存等方面的内部操作规程，指定专人负责反洗钱和反恐融资合规管理工作，合理设计业务流程和操作规范，并定期进行内部审计，评估内部操作规程是否健全、有效，及时修改和完善相关制度。

第五条 金融机构应当对其分支机构执行客户身份识别制度、客户身份资料和交易记录保存制度的情况进行监督管理。

金融机构总部、集团总部应对客户身份识别、客户身份资料和交易记录保存工作作出统一要求。

金融机构应要求其境外分支机构和附属机构在驻在国家（地区）法律规定允许的范围内，执行本办法的有关要求，驻在国家（地区）有更严格要求的，遵守其规定。如果本办法的要求比驻在国家（地区）的相关规定更为严格，但驻在国家（地区）法律禁止或者限制境外分支机构和附属机构实施本办法，金融机构应向中国人民银行报告。

第六条 金融机构与境外金融机构建立代理行或者类似业务关系时，应当充分收集有关境外金融机构业务、声誉、内部控制、接受监管等方面的信息，评估境外金融机构接受反洗钱监管的情况和反洗钱、反恐怖融资措施的健全性和有效性，以书面方式明确本金融机构与境外金融机构在客户身份识别、客户身份资料和交易记录保存方面的职责。

金融机构与境外金融机构建立代理行或者类似业务关系应当经董事会或者其他高级管理层的批准。

第二章 客户身份识别制度

第七条 政策性银行、商业银行、农村合作银行、城市信用合作社、农村信用合作社等金融机构和从事汇兑业务的机构，在以开立账户等方式与客户建立业务关系，为不在本机构开立账户的客户提供现金汇款、现钞兑换、票据兑付等一次性金融服务且交易金额单笔人民币 1 万元以上或者外币等值 1000 美元以上的，应当识别客户身份，了解实际控制客户的自然人和交易的实际受益人，核对客户的有效身份证件或者其他身份证明文件，登记客户身份基本信息，并留存有效身份证件或者其他身份证明文件的复印件或者影印件。

如客户为外国政要，金融机构为其开立账户应当经高级管理层的批准。

第八条 商业银行、农村合作银行、城市信用合作社、农村信用合作社等金融机构为自然人客户办理人民币单笔 5 万元以上或者外币等值 1 万美元以上现金存取业务的，应当核对客户的有效身份证件或者其他身份证明文件。

第九条 金融机构提供保管箱服务时，应了解保管箱的实际使用人。

第十条 政策性银行、商业银行、农村合作银行、城市信用合作社、农村信用合作社等金融机构和从事汇兑业务的机构为客户向境外汇出资金时，应当登记汇款人的姓名或者名称、账号、住所和收款人的姓名、住所等信息，在汇兑凭证或者相关信息系统中留存上述信息，并向接收汇款的境外机构提供汇款人的姓名或者名称、账号、住所等信息。汇款人没有在本金融机构开户，金融机构无法登记汇款人账号的，可登记并向接收汇款的境外机构提供其他相关信息，确保该笔交易的可跟踪稽核。境外收款人住所不明确的，金融机构可登记接收汇款的境外机构所在地名称。

接收境外汇入款的金融机构，发现汇款人姓名或者名称、汇款人账号和汇款人住所三项信息中任何一项缺失的，应要求境外机构补充。如汇款人没有在办理汇出业务的境外机构开立账户，接收汇款的境内金融机构无法登记汇款人账号的，可登记其他相关信息，确保该笔交易的可跟踪稽核。境外汇款人住所不明确的，境内金融机构可登记资金汇出地名称。

第十一条 证券公司、期货公司、基金管理公司以及其他从事基金销售业务的机构在办理以下业务时，应当识别客户身份，了解实际控制客户的自然人和交易的实际受益人，核对客户的有效身份证件或者其他身份证明文件，登记客户身份基本信息，并留存有效身份证件或者其他身份证明文件的复印件或者影印件：

（一）资金账户开户、销户、变更，资金存取等。

（二）开立基金账户。

（三）代办证券账户的开户、挂失、销户或者期货客户交易编码的申请、挂失、销户。

（四）与客户签订期货经纪合同。

（五）为客户办理代理授权或者取消代理授权。

（六）转托管，指定交易、撤销指定交易。

（七）代办股份确认。

（八）交易密码挂失。

（九）修改客户身份基本信息等资料。

（十）开通网上交易、电话交易等非柜面交

易方式。

（十一）与客户签订融资融券等信用交易合同。

（十二）办理中国人民银行和中国证券监督管理委员会确定的其他业务。

第十二条 对于保险费金额人民币 1 万元以上或者外币等值 1000 美元以上且以现金形式缴纳的财产保险合同，单个被保险人保险费金额人民币 2 万元以上或者外币等值 2000 美元以上且以现金形式缴纳的人身保险合同，保险费金额人民币 20 万元以上或者外币等值 2 万美元以上且以转账形式缴纳的保险合同，保险公司在订立保险合同时，应确认投保人与被保险人的关系，核对投保人和人身保险被保险人、法定继承人以外的指定受益人的有效身份证件或者其他身份证明文件，登记投保人、被保险人、法定继承人以外的指定受益人的身份基本信息，并留存有效身份证件或者其他身份证明文件的复印件或者影印件。

第十三条 在客户申请解除保险合同时，如退还的保险费或者退还的保险单的现金价值金额为人民币 1 万元以上或者外币等值 1000 美元以上的，保险公司应当要求退保申请人出示保险合同原件或者保险凭证原件，核对退保申请人的有效身份证件或者其他身份证明文件，确认申请人的身份。

第十四条 在被保险人或者受益人请求保险公司赔偿或者给付保险金时，如金额为人民币 1 万元以上或者外币等值 1000 美元以上，保险公司应当核对被保险人或者受益人的有效身份证件或者其他身份证明文件，确认被保险人、受益人与投保人之间的关系，登记被保险人、受益人身份基本信息，并留存有效身份证件或者其他身份证明文件的复印件或者影印件。

第十五条 信托公司在设立信托时，应当核对委托人的有效身份证件或者其他身份证明文件，了解信托财产的来源，登记委托人、受益人的身份基本信息，并留存委托人的有效身份证件或者其他身份证明文件的复印件或者影印件。

第十六条 金融资产管理公司、财务公司、金融租赁公司、汽车金融公司、货币经纪公司、保险资产管理公司以及中国人民银行确定的其他金融机构在与客户签订金融业务合同时，应当核对客户的有效身份证件或者其他身份证明文件，登记客户身份基本信息，并留存有效身份证件或者其他身份证明文件的复印件或者影印件。

第十七条 金融机构利用电话、网络、自动柜员机以及其他方式为客户提供非柜台方式的服务时，应实行严格的身份认证措施，采取相应的技术保障手段，强化内部管理程序，识别客户身份。

第十八条 金融机构应按照客户的特点或者账户的属性，并考虑地域、业务、行业、客户是否为外国政要等因素，划分风险等级，并在持续关注的基础上，适时调整风险等级。在同等条件下，来自于反洗钱、反恐怖融资监管薄弱国家（地区）客户的风险等级应高于来自于其他国家（地区）的客户。

金融机构应当根据客户或者账户的风险等级，定期审核本金融机构保存的客户基本信息，对风险等级较高客户或者账户的审核应严于对风险等级较低客户或者账户的审核。对本金融机构风险等级最高的客户或者账户，至少每半年进行一次审核。

金融机构的风险划分标准应报送中国人民银行。

第十九条 在与客户的业务关系存续期间，金融机构应当采取持续的客户身份识别措施，关注客户及其日常经营活动、金融交易情况，及时提示客户更新资料信息。

对于高风险客户或者高风险账户持有人，金融机构应当了解其资金来源、资金用途、经济状况或者经营状况等信息，加强对其金融交易活动的监测分析。客户为外国政要的，金融机构应采取合理措施了解其资金来源和用途。

客户先前提交的身份证件或者身份证明文件已过有效期的，客户没有在合理期限内更新且没有提出合理理由的，金融机构应中止为客户办理业务。

第二十条 金融机构应采取合理方式确认代理关系的存在，在按照本办法的有关要求对被代理人采取客户身份识别措施时，应当核对代理人的有效身份证件或者身份证明文件，登记代理人的姓名或者名称、联系方式、身份证件或者身份证明文件的种类、号码。

第二十一条 除信托公司以外的金融机构了解或者应当了解客户的资金或者财产属于信托财产的，应当识别信托关系当事人的身份，登记信托委托人、受益人的姓名或者名称、联系方式。

第二十二条 出现以下情况时，金融机构应当重新识别客户：

（一）客户要求变更姓名或者名称、身份证件或者身份证明文件种类、身份证件号码、注册资本、经营范围、法定代表人或者负责人的。

（二）客户行为或者交易情况出现异常的。

（三）客户姓名或者名称与国务院有关部门、机构和司法机关依法要求金融机构协查或者关注的犯罪嫌疑人、洗钱和恐怖融资分子的姓名或者名称相同的。

（四）客户有洗钱、恐怖融资活动嫌疑的。

（五）金融机构获得的客户信息与先前已经

掌握的相关信息存在不一致或者相互矛盾的。

（六）先前获得的客户身份资料的真实性、有效性、完整性存在疑点的。

（七）金融机构认为应重新识别客户身份的其他情形。

第二十三条 金融机构除核对有效身份证件或者其他身份证明文件外，可以采取以下的一种或者几种措施，识别或者重新识别客户身份：

（一）要求客户补充其他身份资料或者身份证明文件。

（二）回访客户。

（三）实地查访。

（四）向公安、工商行政管理等部门核实。

（五）其他可依法采取的措施。

银行业金融机构履行客户身份识别义务时，按照法律、行政法规或部门规章的规定需核对相关自然人的居民身份证的，应通过中国人民银行建立的联网核查公民身份信息系统进行核查。其他金融机构核实自然人的公民身份信息时，可以通过中国人民银行建立的联网核查公民身份信息系统进行核查。

第二十四条 金融机构委托其他金融机构向客户销售金融产品时，应在委托协议中明确双方在识别客户身份方面的职责，相互间提供必要的协助，相应采取有效的客户身份识别措施。

符合下列条件时，金融机构可信赖销售金融产品的金融机构所提供的客户身份识别结果，不再重复进行已完成的客户身份识别程序，但仍应承担未履行客户身份识别义务的责任：

（一）销售金融产品的金融机构采取的客户身份识别措施符合反洗钱法律、行政法规和本办法的要求。

（二）金融机构能够有效获得并保存客户身份资料信息。

第二十五条 金融机构委托金融机构以外的第三方识别客户身份的，应当符合下列要求：

（一）能够证明第三方按反洗钱法律、行政法规和本办法的要求，采取了客户身份识别和身份资料保存的必要措施。

（二）第三方为本金融机构提供客户信息，

不存在法律制度、技术等方面的障碍。

（三）本金融机构在办理业务时，能立即获得第三方提供的客户信息，还可在必要时从第三方获得客户的有效身份证件、身份证明文件的原件、复印件或者影印件。

委托第三方代为履行识别客户身份的，金融机构应当承担未履行客户身份识别义务的责任。

第二十六条 金融机构在履行客户身份识别义务时，应当向中国反洗钱监测分析中心和中国人民银行当地分支机构报告以下可疑行为：

（一）客户拒绝提供有效身份证件或者其他身份证明文件的。

（二）对向境内汇入资金的境外机构提出要求后，仍无法完整获得汇款人姓名或者名称、汇款人账号和汇款人住所及其他相关替代性信息的。

（三）客户无正当理由拒绝更新客户基本信息的。

（四）采取必要措施后，仍怀疑先前获得的客户身份资料的真实性、有效性、完整性的。

（五）履行客户身份识别义务时发现的其他

可疑行为。

金融机构报告上述可疑行为参照《金融机构大额交易和可疑交易报告管理办法》（中国人民银行令〔2006〕第2号发布）及相关规定执行。

第三章 客户身份资料和交易记录保存

第二十七条 金融机构应当保存的客户身份资料包括记载客户身份信息、资料以及反映金融机构开展客户身份识别工作情况的各种记录和资料。

金融机构应当保存的交易记录包括关于每笔交易的数据信息、业务凭证、账簿以及有关规定要求的反映交易真实情况的合同、业务凭证、单据、业务函件和其他资料。

第二十八条 金融机构应采取必要管理措施和技术措施，防止客户身份资料和交易记录的缺失、损毁，防止泄漏客户身份信息和交易信息。

金融机构应采取切实可行的措施保存客户身份资料和交易记录，便于反洗钱调查和监督管理。

第二十九条 金融机构应当按照下列期限保存客户身份资料和交易记录：

（一）客户身份资料，自业务关系结束当年或者一次性交易记账当年计起至少保存5年。

（二）交易记录，自交易记账当年计起至少保存5年。

如客户身份资料和交易记录涉及正在被反洗钱调查的可疑交易活动，且反洗钱调查工作在前款规定的最低保存期届满时仍未结束的，金融机构应将其保存至反洗钱调查工作结束。

同一介质上存有不同保存期限客户身份资料或者交易记录的，应当按最长期限保存。同一客户身份资料或者交易记录采用不同介质保存的，至少应当按照上述期限要求保存一种介质的客户身份资料或者交易记录。

法律、行政法规和其他规章对客户身份资料和交易记录有更长保存期限要求的，遵守其规定。

第三十条 金融机构破产或者解散时，应当将客户身份资料和交易记录移交中国银行业监督管理委员会、中国证券监督管理委员会或者中国保险监督管理委员会指定的机构。

第四章 法律责任

第三十一条 金融机构违反本办法的，由中国人民银行按照《中华人民共和国反洗钱法》第三十一条、第三十二条的规定予以处罚；区别不同情形，向中国银行业监督管理委员会、中国证券监督管理委员会或者中国保险监督管理委员会建议采取下列措施：

（一）责令金融机构停业整顿或者吊销其经营许可证。

（二）取消金融机构直接负责的董事、高级管理人员和其他直接责任人员的任职资格、禁止其从事有关金融行业的工作。

（三）责令金融机构对直接负责的董事、高级管理人员和其他直接责任人员给予纪律处分。

中国人民银行县（市）支行发现金融机构违反本办法的，应当报告上一级中国人民银行分支机构，由上一级分支机构按照前款规定进行处罚或者提出建议。

第五章　附　　则

第三十二条　保险公司在办理再保险业务时，履行客户身份识别义务不适用本办法。

第三十三条　本办法下列用语的含义如下：

自然人客户的“身份基本信息”包括客户的姓名、性别、国籍、职业、住所地或者工作单位地址、联系方式，身份证件或者身份证明文件的种类、号码和有效期限。客户的住所地与经常居住地不一致的，登记客户的经常居住地。

法人、其他组织和个体工商户客户的“身份基本信息”包括客户的名称、住所、经营范围、组织机构代码、税务登记证号码；可证明该客户依法设立或者可依法开展经营、社会活动的执照、证件或者文件的名称、号码和有效期限；控股股东或者实际控制人、法定代表人、负责人和授权办理业务人员的姓名、身份证件或者身份证明文件的种类、号码、有效期限。

第三十四条 本办法由中国人民银行会同中国银行业监督管理委员会、中国证券监督管理委员会、中国保险监督管理委员会解释。

第三十五条 本办法自 2007 年 8 月 1 日起施行。

图书在版编目（CIP）数据

中华人民共和国反洗钱法：最新版附配套规定 / 中国法制出版社编. —2 版 . —北京：中国法制出版社，2017. 5

ISBN 978 -7 -5093 -8609 -5

Ⅰ. ①中… Ⅱ. ①中… Ⅲ. ①反洗钱法 - 中国 Ⅳ. ①D922. 281

中国版本图书馆 CIP 数据核字（2017）第 128723 号

中华人民共和国反洗钱法

ZHONGHUARENMINGONGHEGUO FANXIQIANFA

经销/新华书店

印刷/河北省三河市汇鑫印务有限公司

开本/880 毫米×1230 毫米 32 开　　印张/3　字数/34 千

版次/2017 年 6 月第 2 版　　2017 年 6 月第 1 次印刷

中国法制出版社出版

书号 ISBN 978 -7 -5093 -8609 -5　　定价：9. 00 元

北京西单横二条 2 号　　值班电话：66026508

邮政编码 100031　　传真：66031119

网址：http：//www. zgfzs. com　　**编辑部电话：66067369**

市场营销部电话：66033393　　**邮购部电话：66033288**

（如有印装质量问题，请与本社编务印务管理部联系调换。电话：010 -66032926）